LÉO ET POPI

Léo est malade

Claire Clément
Lucy Brum, d'après la série créée par Helen Oxenbury

bayard jeunesse

Léo est malade.
Il a chaud partout, partout…
… et ça le gêne beaucoup.

Le docteur s'occupe bien de Léo :
il regarde sa langue,
il pose sa main sur son ventre,
il écoute son cœur.

Maman s'occupe bien de Léo :
elle lui apporte son déjeuner
… sur un plateau !
Il y a même un gâteau !

Papa s'occupe bien de Léo :
il lui lit une histoire
le matin et le soir !

Popi aussi s'occupe bien de Léo !
Il reste avec lui, dans le lit,
le jour et la nuit !

Un matin, enfin, Léo est guéri !
Mais voilà que Popi
ne se sent pas bien du tout :
il a chaud partout, partout…

Docteur Léo s'occupe bien de Popi :

il écoute son cœur,

il lui apporte un gâteau,

il lui raconte une histoire...

et il reste avec lui,

jusqu'à ce qu'il soit guéri !

Les textes de cet album ont été écrits par Claire Clément.
Les illustrations ont été réalisées par Lucy Brum,
d'après la série créée par Helen Oxenbury.

ISBN : 978-2-7470-1975-0
Dépôt légal : mars 2006 - 2e édition
Loi 49-956 du 16 juillet 1949 sur les publications destinées à la jeunesse.

Imprimé en Italie